UN ADELANTO DEL FIN DEL MUNDO

ARTHUR RIMBAUD (1854-1891) rompió las costuras de la poesía moderna cuando todavía no había cumplido los veinte años. Nacido en el seno de una familia burguesa y conformista en Charleville, en el instituto dio ya muestras de su rebeldía y de su extraordinario talento literario. A los diecisiete años, aquel arcángel demoníaco de ojos azules huyó de casa atraído por la Comuna de París. Al año siguiente compuso «El barco ebrio», poema que habría de convertirse en una de las obras maestras de la poesía simbolista. A tan pronta edad deflagró también los límites de la bohemia: rebelde ejemplar, entendía la figura del poeta como una suerte de vidente de una vida nueva, un icono romántico movido por una fiebre que estrellaba en decenas de hojas sueltas. Con apenas veinte años, Rimbaud era ya considerado un genio gracias a sus poemas y su prosa lírica. A partir de entonces, dejó de escribir y su vida tomó un rumbo más aventurero: sirvió de voluntario en el ejército colonial holandés, fue marinero en un barco mercante e intérprete de un circo ecuestre. Entre 1880 y 1890, como agente de una gran compañía comercial, residió en Abisinia. En 1891, afectado por un tumor maligno, regresó a Francia, donde moriría poco después. Reunimos ahora algunos de sus embates, resultado de sus años en París, de la truculenta pasión que le unió a Paul Verlaine, del malvivir, del emborracharse, del no ser feliz pero ser siempre salvaje.

UN ADELANTO DEL FIN DEL MUNDO

ARTHUR RIMBAUD

Selección y traducción revisada de Xoán Abeleira

POESÍA PORTÁTIL

DE

POEMAS
(1870-1872)

SENSACIÓN

En las tardes azules de verano iré por los senderos,
picoteado por el trigo, a pisar la hierba menuda:
soñador, sentiré su frescura en mis pies.
Dejaré que el viento bañe mi cabeza desnuda.

Ya no hablaré ni pensaré nada,
mas el amor infinito ascenderá en mi alma,
e iré lejos, muy lejos, igual que un bohemio,
por la Naturaleza, – feliz como con una mujer.

EL DURMIENTE DEL VALLE

Un hoyo de verdes en donde canta un río
fijando alocadamente en las hierbas jirones
de plata; en donde el sol, desde la altiva montaña,
brilla: un pequeño valle que espumajea rayos.

Un joven soldado, la boca abierta, la cabeza desnuda,
la nuca bañada en el fresco berro azul,
duerme; está tendido en la hierba, bajo la única nube,
pálido en su lecho verde donde llueve la luz.

Con los pies en los gladiolos, duerme. Sonriendo como
sonreiría un niño enfermo, está echando un sueño:
Naturaleza, mécelo cálidamente: tiene frío.

Los aromas ya no estremecen su nariz.
Duerme bajo el sol, con la mano en el pecho
tranquilo. Luce en el costado derecho dos orificios rojos.

MI BOHEMIA
(Fantasía)

Yo iba por ahí, con los puños en mis bolsillos reventados –
como yo mi gabán se estaba volviendo ideal –;
caminaba bajo el cielo, ¡oh Musa!, y era tu vasallo.
¡Hay que ver! ¡Cuántos amores espléndidos soñé!

Mi único pantalón tenía un hermoso agujero.
Pulgarcito soñador, desgranaba en mi andadura
rimas y más rimas. Mi albergue estaba en la Osa Mayor.
En el cielo, mis estrellas hacían un suave frufrú.

Y yo las escuchaba, sentado al borde de los caminos,
aquellas gratas noches de septiembre en que sentía gotas
de rocío por mi frente, como un vino revitalizador;

en que, rimando en medio de fantásticas sombras,
estiraba, como si fuesen liras, los elásticos
cordones de mis zapatos heridos, ¡a un palmo del corazón!

ORACIÓN DEL ATARDECER

Vivo sentado, igual que un ángel en manos de un barbero,
empuñando una jarra de gruesas estrías, el hipogastrio
y el cuello arqueados, con la pipa entre los dientes,
bajo el aire henchido de impalpables velámenes.

Semejantes a los cálidos excrementos de un viejo palomar,
mil Sueños dejan en mí suaves quemaduras:
luego, por momentos, mi triste corazón es como una
[albura
que ensangrienta el oro joven y sombrío de los
[corrimientos.

Después, habiendo desmochado cuidadosamente mis
[sueños,
me vuelvo, bebidas ya treinta o cuarenta cervezas,
y me recojo para soltar la acre necesidad:

afable como el Señor del cedro y de los hisopos,
meo, alto y lejos, hacia los cielos muscos
con el consentimiento de los grandes heliotropos.

LOS POETAS DE SIETE AÑOS

Y la Madre, cerrando el libro de deberes,
se iba satisfecha y muy orgullosa, sin ver,
en los ojos azules y bajo la frente llena de eminencias,
el alma de su hijo entregada a las repugnancias.

Durante todo el día sudaba obediencia; muy
inteligente; sin embargo, ciertos tics oscuros, algunos rasgos
suyos ponían al descubierto acres hipocresías.
A la sombra de los pasillos de enmohecidas colgaduras,
sacaba la lengua al pasar, con los puños apoyados
en la ingle, y veía puntos al cerrar los ojos.
Al atardecer se abría una puerta: a la luz de la lámpara
se le veía, allá arriba, en la barandilla, refunfuñando
bajo un golfo de luz que colgaba del techo.
Sobre todo en verano, vencido, atontado, se empeñaba
en encerrarse al frescor de las letrinas,
y allí pensaba, tranquilo, abandonado a su olfato.

Cuando, una vez lavado de los olores del día, el jardincillo
de atrás, en invierno, se ilunaba,

tendido al pie de un muro, enterrado en la marga,
con la mirada turbia, abrumado por visiones,
oía bullir las infectas espalderas.
¡Piedad! Su única familia eran aquellos niños
que, enclenques, rapados, los ojos destiñéndoseles sobre
[las mejillas,
ocultando magros dedos amarillos y negros de barro
bajo viejas ropas que hedían a cagalera,
¡conversaban con la dulzura de los idiotas!
Y si, al sorprenderle en inmundas piedades,
su madre se horrorizaba, las ternuras profundas
del niño se abalanzaban entonces sobre aquel asombro.
Ajá. ¡Ella tenía la mirada azul –que miente!

A los siete años imaginaba historias sobre la vida
en el gran desierto, donde brilla la Libertad robada:
¡selvas, soles, riberas, sabanas! Se servía de las ilustraciones
de los periódicos en las que, ruborizado, observaba
a las risueñas españolas y a las italianas.
Y cuando venía –ojos oscuros, alocada, vestida de indiana,
ocho años– la hija de los obreros de al lado,
la pequeña brutal, y se le subía a la espalda
en un rincón, agitando las trenzas,
y él se ponía debajo de ella y le mordía las nalgas –
pues jamás llevaba calzones–,
así, magullado a causa de sus puños y sus talones,

volvía a la habitación con los sabores de su piel.
El niño temía los macilentos domingos de diciembre
en que, engominado, sobre un velador de caoba,
leía la Biblia de lomo verde-col;
cada noche en la alcoba le oprimían ciertos sueños.
No amaba a Dios sino a los hombres que en la tarde rojiza,
negros, con blusa, veía regresar al arrabal
donde los pregoneros, al son de tres redobles de tambor,
hacían reír y refunfuñar a la multitud con los bandos.
¡Soñaba con la pradera amorosa donde marejadas
luminosas, sanos perfumes, pubescencias de oro,
crean su movimiento calmo y alzan el vuelo!
¡Cómo saboreaba, sobre todo, las cosas sombrías
cuando, en la habitación desnuda, con las persianas bajas,
alta y azul, acremente presa de la humedad,
leía su novela meditada sin cesar,
repleta de pesados cielos ocres y anegadas arboledas,
de flores de carne desplegadas en los bosques siderales,
vértigo, hundimientos, derrotas y piedad –
mientras crecía el rumor del barrio
abajo–, solo, acostado sobre piezas de tela
cruda, y presintiendo el violento agitar de las velas!

EL BARCO EBRIO

Mientras descendía por Ríos impasibles,
sentí que los sirgadores ya no me guiaban:
Pieles rojas chillones los habían tomado por diana
tras clavarlos desnudos en postes de colores.

Ya no me preocupaba tripulación alguna,
portadora de trigo flamenco o de algodón inglés.
Cuando aquel jaleo acabó con mis sirgadores,
los Ríos me permitieron descender a donde yo quería.

En los chapoteos furiosos de las mareas,
yo, el invierno pasado, más sordo que el cerebro de un
[niño,
¡corrí! Y las Penínsulas desamarradas
jamás experimentaron guirigáis más triunfantes.

La tempestad bendijo mis desvelos marítimos.
Más ligero que un corcho, bailé sobre las olas
que llaman arrolladoras eternas de víctimas,
durante diez noches, ¡sin añorar el ojo necio de los fanales!

Más dulce que, para los niños, la pulpa de las manzanas
[acedas,
el agua verde penetró mi casco de abeto
y me lavó las manchas de los vinos azules
y de los vómitos, dispersando timón y rezón.

Y desde entonces me sumergí en el Poema
de la Mar, infundido por astros, y lactescente,
devorando los azures verdes; donde, flotación pálida
y arrebatada, un ahogado pensativo a veces desciende;

donde, tiñendo de pronto las azuldades, delirios
y ritmos lentos bajo las rutilaciones del día,
¡más fuertes que el alcohol, más vastos que nuestras liras,
fermentan los rubros amargos del amor!

Yo conozco los cielos que estallan en relámpagos, y las
[trombas
y las resacas, y las corrientes; conozco el atardecer,
el Alba exaltada igual que una multitud de palomas,
¡y he visto algunas veces lo que el hombre creyó ver!

¡He visto el sol poniente manchado de horrores místicos,
iluminando los largos coágulos violetas,
y, semejantes a esos actores de antiguos dramas,
las olas rodando a lo lejos su batir de postigos!

¡Soñé la verde noche de nieves deslumbrantes,
beso lento que ascendía a los ojos de los mares,
la circulación de las savias inauditas
y el despertar azul y gualda de los fósforos cantores!

¡Seguí, durante meses enteros, igual que vacadas
histéricas, el oleaje al asalto de los arrecifes,
sin pensar que los pies luminosos de las Marías
pudiesen forzar el hocico de los Océanos asmáticos!

¡Sabed que embestí increíbles Floridas,
mezclando a las flores ojos de panteras con pieles
de hombres, arcoíris extendidos como bridas
bajo el horizonte de los mares, con glaucos tropeles!

¡He visto fermentar las enormes marismas, nasas
en cuyos juncos se pudre un Leviatán!
¡Hundimientos de aguas en medio de las bonanzas,
y las lejanías catarateando hacia los remolinos!

¡Glaciares, soles de plata, olas de nácar, cielos de brasas!
¡Horribles varaderos en el fondo de los golfos oscuros
donde las serpientes gigantes devoradas por las chinches
caen, de los árboles retorcidos, con negros perfumes!

Me habría gustado mostrar a los niños esos dorados
del azul oleaje, esos peces de oro, esos peces cantarines.
Espumas de flores me acunaron al abandonar la rada
e inefables vientos me han alado por instantes.

A veces, mártir cansado de polos y de zonas,
la mar cuyo sollozo atenuaba mi balanceo
subía hacia mí sus flores de sombra con ventosas amarillas
y yo permanecía igual que una mujer arrodillada...

Casi isla, balanceando en la borda las querellas
y los excrementos de los pájaros chillones de ojos rubios,
¡bogaba, mientras por mis frágiles ataduras
bajaban a dormir los ahogados, reculando!

Yo, barco perdido bajo el cabello de las ensenadas,
arrojado por el huracán al éter sin un pájaro,
yo, cuyo armazón ebrio de agua no habrían rescatado
ni los Monitores ni los veleros de las Hansas;

libre, humeando, provisto de brumas violetas,
yo que perforaba el cielo enrojecido como si fuese un
[muro,
que llevo confitura exquisita para los buenos poetas,
líquenes de sol y mocos de azur;

yo que corría manchado de lúnulas eléctricas,
yo, tabla loca, escoltado por negros hipocampos,
cuando los meses de julio hundían a garrotazos
los cielos ultramarinos en los ardientes embudos;

yo que temblaba oyendo gemir a cincuenta leguas
el celo de los Behemots y los Maelstroms espesos,
hilador eterno de las azules inmovilidades,
¡añoro la Europa de los viejos parapetos!

¡He visto archipiélagos siderales e islas
cuyos cielos delirantes están abiertos al viajero!
¿Es en estas noches sin fondo donde duermes y te exilias,
oh, millón de pájaros de oro, oh, futuro Vigor?

¡Pero, en verdad, lloré demasiado! Las Albas son
[desoladoras.
Toda luna es atroz y todo sol amargo:
el acre amor me llenó de torpores embriagantes.
¡Oh, que mi quilla estalle! ¡Que me hunda en la mar!

Si algún agua deseo de Europa es la charca
negra y fría donde, hacia el crepúsculo embalsamado,
un niño, en cuclillas, lleno de tristezas, suelta
un barco frágil como una mariposa de mayo.

Ya no puedo, ¡ay, olas!, bañado como estoy por vuestra
[languidez,
seguir la estela de los cargueros de algodón
ni atravesar el orgullo de las banderas y los gallardetes
ni remar bajo los ojos horribles de los pontones.

VOCALES

A negra, E blanca, I roja, U verde, O azul:
vocales, algún día diré vuestros nacimientos latentes.
A, negro corsé velludo de moscas resplandecientes
que bombinean en torno a pestazos crueles,

golfos de sombra; E, candores de los vapores y de las tiendas,
lanzas de altivos glaciares, reyes blancos, calofríos de
[umbelas;
I, púrpuras, sangre escupida, risa de labios bellos
en la cólera o las ebriedades penitentes;

U, ciclos, vibramientos divinos de los mares viridos,
paz de las dehesas sembradas de animales, de las arrugas
que la alquimia imprime en las anchas frentes estudiosas;

O, supremo Clarín lleno de estridores extraños,
silencios atravesados por Mundos y por Ángeles:
O, la Omega, ¡rayo violeta de Sus Ojos!

La estrella lloró rosa en el corazón de tus oídos,
el infinito rodó blanco desde tu nuca a tus caderas,
el mar perló roso tus tetas bermejas
y el Hombre sangró negro en tu costado soberano.

COMEDIA DE LA SED

I. LOS ANTEPASADOS

– Nosotros somos tus Abuelos,
¡tus Ancestros!,
cubiertos por los fríos sudores
de la luna y de las yerbas.
¡Nuestros vinos secos tenían solera!
Bajo el sol sin impostura,
¿qué necesita el hombre? Beber.

YO – Morir en los ríos bárbaros.

– Nosotros somos tus Abuelos
de los campos.
El agua yace en el fondo de los mimbres:
mira la corriente del foso
rodeando el castillo mojado.
Bajemos a las bodegas;
después, sidra y leche.

YO — Ir a donde abrevan las vacas.

— Nosotros somos tus Abuelos;
ten, toma
los licores de nuestras despensas.
El Té, el Café, tan escasos,
bullen en los hervidores.
Mira las estatuas, las flores.
Venimos del cementerio.

YO — ¡Ah, secar todas las urnas!

II. EL ESPÍRITU

— Ondinas eternas,
hended el agua fina.
Venus, hermana del azur,
turba la ola pura.

Judíos errantes de Noruega,
habladme de la nieve.
Queridos antiguos exiliados,
habladme de la mar.

YO – No, no más bebidas puras,
esas flores de agua para vasos;
ni leyendas ni figuras
calmaron mi sed.

Cancionista, tu ahijada
es mi sed loca,
hidra íntima sin fauces
que mina y aflige.

III. LOS AMIGOS

– ¡Ven, los vinos van a las playas,
y las olas por millones!
¡Mira el Bitter salvaje
rodando desde lo alto de los montes!

Ganemos, sabios peregrinos,
el ajenjo de verdes pilares…

YO – Basta de paisajes como esos.
¿Qué es la ebriedad, Amigos?

Me gusta más, igual, lo mismo,
pudrirme en el estanque,

bajo la horrenda nata,
junto a los maderos flotantes.

IV. EL TRISTE ENSUEÑO

Tal vez llegue una Tarde
en que pueda beber tranquilo
en alguna ciudad vieja
donde morir más feliz:
¡pues soy paciente y sé esperar!

Si mi mal se resigna,
si algún día tengo oro,
¿me iré al Norte
o al País de las Viñas?...
¡Ah, soñar es indigno

pues es pérdida pura!
Y si vuelvo a ser
el viajero que fui,

que jamás se me abra
la verde posada.

V. CONCLUSIÓN

Las palomas que tiemblan en la pradera,
la gacela que corre y ve la noche,
los animales acuáticos, la bestia domada,
¡las últimas mariposas!… también tienen sed.

Pero ¿fundirse donde se funde esa nube sin guía,
oh, favorecido por todo lo que es fresco,
expirar en esas violetas húmedas
cuyas auroras embisten las florestas?

BUEN PENSAMIENTO AL AMANECER

A las cuatro de la mañana, en verano,
el ensueño de amor aún perdura.
Bajo los bosques el alba evapora
el olor a fiesta de la noche.

Pero allá en el inmenso taller
vuelto hacia el sol de las Hespérides,
ya se aprestan, en mangas de camisa,
los carpinteros.

Tranquilos, en su desierto de musgo,
preparan los valiosos artesonados
bajo cuyos falsos cielos
reirán los ricos de la ciudad.

¡Ah!, por estos Obreros fascinantes,
súbditos de un rey de Babilonia,
olvídate, Venus, de los Amantes
y de su alma revestida de coronas.

¡Oh, Reina de los Pastores!
Lleva a los trabajadores el aguardiente
que pacificará sus fuerzas, mientras
aguardan el baño en la mar, al mediodía.

FIESTAS DE LA PACIENCIA

I. BANDERAS DE MAYO

En las ramas claras de los tilos
muere un enfermizo alhelí.
Pero cánticos espirituales
revolotean entre las grosellas.
Que ría la sangre en nuestras venas;
mirad cómo se enmarañan las viñas.
El cielo es hermoso como un ángel.
El azur comulga con la onda.
Salgo. Si un rayo me hiere
sucumbiré sobre el musgo.

Ser paciente y aburrirse
es demasiado simple. Fuera penas.
Quiero que el dramático estío
me ate a su carro de fortuna.
Que solo por ti, oh, Naturaleza, –
¡ah, menos solitario y nulo! –yo muera.

Mientras que los Pastores –es gracioso–
mueren más o menos por el mundo.

Quiero que las estaciones me consuman.
Ante ti, Naturaleza, me rindo
y rindo mi hambre y mi sed.
Y, si quieres, nutre, abreva.
Ya nada en absoluto me ilusiona:
ni reírme de los padres ni del sol;
no quiero reirme ya de nada.
Y reste libre este infortunio.

OH, ESTACIONES, OH, CASTILLOS...

¡Oh, estaciones, oh, castillos!
¿Qué alma hay sin defectos?

¡Oh, estaciones, oh, castillos!

Realicé el mágico estudio
del Gozo, que nadie elude.

Ah, viva él, cada vez
que cante su gallo galo.

Se acabaron mis ansiedades:
él se ha hecho cargo de mi vida.

¡Este Hechizo tomó cuerpo y alma
y dispersó todos los esfuerzos!

¿Qué se desprende de mis palabras?
¡Él hace que huyan y vuelen!

¡Oh, estaciones, oh, castillos!

Y, si la desdicha me arrastra,
caerá sobre mí su desgracia.

¡Fuerza es que su desdén
me entregue a la muerte más pronta!

¡Oh, estaciones, oh, castillos!

DE

UNA TEMPORADA EN EL INFIERNO
(1873)

Antaño, si no recuerdo mal, mi vida era un festín en el que todos los corazones se abrían, en el que vinos de todas las clases fluían a mansalva.

Una noche, senté a la Belleza en mis rodillas. –Y la encontré amarga. –Y la injurié.

Me armé contra la justicia.

Y huí. ¡Oh, brujas, oh, miseria, oh, saña: solo a vosotras os fue confiado mi tesoro!

Conseguí disipar en mi espíritu cualquier esperanza humana. Sobre cualquier alegría, para estrangularla, realicé el salto sigiloso de la fiera.

Llamé a los verdugos para morir mordiendo la culata de sus fusiles. Llamé a las plagas para ahogarme en la arena, la sangre. La desdicha fue mi dios. Me revolqué en el fango. El aire del crimen me secó. Se la jugué a la locura.

Y la primavera me dio la risa horrenda del idiota.

Pero, recientemente, cuando ya estaba a punto de estirar la pata, decidí buscar la llave que me abriese las puertas del antiguo festín, en el que, quizá, recobraría el apetito.

La caridad es esa llave. – ¡Esta inspirada afirmación demuestra que he estado soñando!

«Siempre serás una hiena, etc…», exclama el demonio que me coronó con tan amables adormideras. «Pues adelante, gánate a pulso la muerte con todos tus apetitos, y tu egoísmo y todos los pecados capitales.»

¡Ah! Ya he tenido bastante: – Pero, querido Satanás, se lo ruego, ¡no se irrite tanto! A la espera de esas pequeñas bajezas que no acaban de llegar, arranco, para usted que ama en el escritor la ausencia de facultades descriptivas o instructivas, unas cuantas hojas repelentes de mi libreta de condenado.

MALA SANGRE
(Extractos)

¡Vuelve la sangre pagana! El Espíritu está cerca: ¿por qué entonces Cristo no me ayuda, otorgando a mi alma nobleza y libertad? ¡Ay, pasó el Evangelio! ¡El Evangelio! El Evangelio.

Aguardo a Dios con voracidad. Pertenezco a una raza inferior desde toda la eternidad.

Aquí estoy, en la playa armoricana. Que las ciudades se iluminen al atardecer. He cumplido mi jornada; abandono Europa. La brisa marina me quemará los pulmones; los climas remotos me atezarán la piel. Nadar, desmenuzar la hierba, cazar, y sobre todo fumar; beber licores fuertes como el metal hirviente, igual que hacían aquellos queridos antepasados en torno a las hogueras.

Regresaré con miembros de hierro, la piel oscurecida y la mirada furiosa: a juzgar por mi máscara, pensarán que soy de una raza fuerte. Tendré oro: seré ocioso y brutal. Las mujeres miman a esos inválidos feroces que vuelven de los países cálidos. Estaré mezclado en asuntos políticos. Salvado.

Pero, por ahora, estoy maldito, y me horroriza la patria. Lo mejor es echarse a dormir completamente borracho, en la playa [...].

Ya desde muy niño admiraba al presidiario indomable tras el que constantemente se cierran las puertas de la prisión; visitaba los albergues y las posadas que él pudiese haber consagrado con su estancia; veía *con su idea* el cielo azul y la faena florida del campo; presentía su fatalidad en las ciudades. A mis ojos, él tenía más fuerza que un santo, más sentido común que un viajero – y él, ¡sólo él!, era testigo de su gloria y de su razón.

Por los caminos, en las noches de invierno, sin refugio, sin ropa, sin pan, una voz atenazaba mi corazón helado: «Debilidad o fortaleza: estando aquí, demuestras fortaleza. No sabes adónde vas ni por qué vas, así que entra en todas partes, responde a todo: nadie puede matar a un cadáver». A la mañana siguiente tenía la mirada tan perdida y un aire tal de difunto que aquellos con quienes me tropecé por entonces *quizás ni me vieron*.

En las ciudades, el fango me parecía repentinamente rojo y negro, como un espejo cuando la lámpara da vueltas en la habitación contigua, ¡como un tesoro en el bosque! Vaya suerte, exclamaba al ver un mar de llamas y de humo en el cielo; y, a izquierda, a derecha, todas las riquezas flameando como un millón de truenos.

Pero la orgía y la camaradería de las mujeres me estaban vedadas. Y ni siquiera un compañero. Continuamente me imaginaba ante una muchedumbre exasperada, frente a un pelotón de fusilamiento, llorando la desgracia de que no hubiesen podido comprender, ¡y perdonándolos!, ¡como Juana de Arco! «Sacerdotes, profesores, amos: os equivocáis entregándome a la justicia. Jamás he pertenecido a este pueblo; jamás he sido cristiano; soy de aquella raza que cantaba en el suplicio; no comprendo las leyes; no tengo sentido de la moral, soy un bruto: os equivocáis…»

Sí, mis ojos están cerrados a vuestra luz. Soy un animal, un negro. Pero aún puedo ser salvado. Vosotros, en cambio, sois falsos negros, vosotros, maníacos, feroces, avaros. Comerciante: tú eres negro; magistrado: tú eres negro; general: tú eres negro; emperador, vieja comezón: tú eres negro; tú has bebido un licor de contrabando, fabricado por Satán. La fiebre y el cáncer inspiran las acciones de este pueblo. Los inválidos y los vejestorios son tan respetables que piden a gritos ser hervidos. – Lo más astuto es abandonar este continente donde la locura acecha para proveer de rehenes a esos miserables. Entro en el auténtico reino de los hijos de Cam.

¿Conozco aún la naturaleza? ¿Me conozco? – *Ni una palabra más.* Entierro a los muertos en mi vientre. ¡Vengan gritos, tambores y danza, danza, danza, danza! No veo llegar la hora en que, al desembarcar los blancos, me hunda al fin en la nada [...].

DELIRIOS II
ALQUIMIA DEL VERBO
(Extractos)

A mí. La historia de una de mis locuras.

Desde mucho tiempo atrás me vanagloriaba de poseer todos los paisajes posibles, y me resultaban irrisorias las celebridades de la pintura y de la poesía moderna.

Me gustaban los cuadros idiotas: adornos de puertas, decorados, telones de saltimbanquis, tablones de anuncios, estampas populares; la literatura pasada de moda: latín de iglesia, libros eróticos con faltas de ortografía, novelas de nuestras abuelas, cuentos de hadas, libritos infantiles, viejas óperas, estribillos bobos, ritmos ingenuos.

Soñaba con cruzadas, con viajes y descubrimientos de los que no se conserva relato alguno, con repúblicas sin historia, con guerras religiosas ya sofocadas, con revoluciones de costumbres, con desplazamientos de razas y de continentes: creía en todos los encantamientos.

¡Inventé el color de las vocales! – A negra, E blanca, I roja, O azul, U verde. – Establecí la forma y el movimiento de cada consonante, y, con ritmos instintivos, me precié de haber inventado un ritmo poético accesible, un día u otro, a todos los sentidos. Me reservaba la traducción.

Al principio, fue solo un estudio. Escribía silencios, noches, notaba lo inexpresable. Fijaba vértigos [...].

Mi alquimia del verbo tenía una buena parte de antigualla poética.

Me acostumbré a la alucinación pura y simple: veía, con toda claridad, una mezquita donde había una fábrica, una escuela de tambores compuesta por ángeles, calesas por los caminos del cielo, un salón en el fondo de un lago; los monstruos, los misterios; un título de vodevil erguía espantos ante mis ojos.

¡Luego expliqué mis sofismas mágicos con la alucinación de las palabras!

Terminé por considerar sagrado el desorden de mi espíritu. Permanecía ocioso, cautivo de una fiebre extenuante: envidiaba la dicha de los animales, –¡a las orugas, que representan la inocencia de los limbos, a los topos, el sueño de la virginidad! Mi carácter se iba agriando. Decía adiós al mundo en una especie de romances [...].

Amé el desierto, los huertos requemados, las tiendas mustias, las bebidas tibias. Me arrastraba por callejuelas hediondas y, con los ojos cerrados, me ofrecía al sol, dios de fuego.

«¡General, si aún queda un viejo cañón sobre tus murallas en ruinas, bombardéanos con bloques de tierra seca! ¡Destroza los escaparates de los almacenes espléndidos! ¡Derruye los salones! Haz que la ciudad muerda su propio polvo. Oxida las gárgolas. Cubre los tocadores con polvo de rubí abrasador...»

¡Oh, el mosquito borracho de la fuentecilla del albergue, enamorado de la borraja, y al que un rayo disuelve! [...].

Por fin, oh, dicha, oh, razón, separé del cielo el azur, que forma parte de lo negro, y viví transformado en chispa dorada de la luz *natural*. De pura alegría, adopté una expresión burlona y alucinada en extremo [...].

Me convertí en una ópera fabulosa: me di cuenta de que para todos los seres la dicha es su fatalidad: la acción no es sinónimo de vida, sino solo una manera de malbaratar fuerzas, un enervamiento. La moral es la debilidad del cerebro.

Me parecía que a cada ser le correspondían muchas otras vidas. Ese caballero no sabe lo que hace: es un ángel. Esa familia es una camada de perros. Ante muchos hombres, conversé en voz alta con un momento de sus otras vidas. – Así, por ejemplo, amé a un cerdo.

No olvidé ninguno de los sofismas de la locura, – la locura que llevamos dentro: os los podría enumerar todos, conservo el método.

Mi salud se vio amenazada. Me asaltaba el pánico. Durante varios días me hundía en un estado de ensoñación profunda, y, aun levantado, prolongaba los sueños más tristes. Estaba listo para morir. Por una senda llena de peligros, mi debilidad me conducía hasta los confines del mundo y de Cimeria, patria de la sombra y de los torbellinos.

Tuve que viajar para así distraer los encantamientos congregados sobre mi cerebro. Desde la mar, a la que amaba como si ella hubiese debido limpiarme, veía elevarse la cruz consoladora. El arcoíris me había condenado. La Dicha era mi fatalidad, mi remordimiento, mi gusano: mi vida sería siempre demasiado inmensa como para consagrarla a la fuerza y a la belleza. ¡La Dicha! Su mordedura, extremadamente suave, me prevenía cuando el gallo cantaba, – *ad matutinum*, a la hora del *Christus venit*, – en las ciudades más sombrías [...].

Pero todo eso pasó. Hoy sé saludar la belleza.

MAÑANA

Acaso no tuve una vez una juventud amable, heroica, fabulosa, digna de ser escrita en láminas de oro? – ¡Demasiada suerte! ¿A causa de qué crimen, de qué error merezco mi debilidad actual? Vosotros que afirmáis que hay animales que sollozan de pena, enfermos que desesperan, muertos que tienen malos sueños, intentad contar mi caída y mi letargo. Porque yo ya no consigo expresarme sino como el mendigo con sus continuos *Pater* y *Ave Maria*. *¡Ya no sé hablar!*

Sin embargo, hoy creo haber concluido el relato de mi infierno. Pues sin duda era el infierno; el antiguo, aquel cuyas puertas abrió el hijo del hombre.

En el mismo desierto, bajo la misma noche, siempre mis ojos cansados se despiertan a la estrella de plata, siempre, sin que por ello se conmuevan los Reyes de la vida, los tres magos, el corazón, el alma, el espíritu. ¿Cuándo iremos, mucho más allá de las playas y de los montes, a saludar el nacimiento del nuevo trabajo, de la nueva sabiduría, la huida de los tiranos y de los demonios, el fin de la superstición, a adorar –¡los primeros!– la Navidad en la tierra?

¡El canto de los cielos, el avance de los pueblos! Esclavos: no maldigamos la vida.

DE

ILLUMINATIONS

(Painted Plates)

(1873-1875)

TRAS EL DILUVIO

Una vez serenada la idea del Diluvio,

una liebre se detuvo entre las esparcetas y las campanillas cimbradoras, y elevó su plegaria al arcoiris a través de la tela de araña.

¡Ah!, las piedras preciosas que se emboscaban, – las flores que ya miraban.

En la avenida sucia se irguieron las tablajerías, y las barcas fueron arrastradas hacia el mar escalonado en lo alto como en los grabados.

La sangre corrió en casa de Barba Azul, – en los mataderos, – en los circos, allí donde el sello de Dios hizo palidecer las ventanas. La sangre y la leche corrieron.

Los castores edificaron. Los mazagranes humearon en los fumaderos.

En la casona de vidrieras aún chorreando, los niños enlutados observaron las maravillosas imágenes.

De golpe se oyó un portazo, – y, en la plaza de la aldea, el niño giró sus brazos, comprendido por las veletas y los gallos de todos los campanarios de alrededor, bajo la estruendosa granizada.

La señora *** estableció un piano en los Alpes. La misa y las primeras comuniones fueron celebradas en los cien mil altares de la catedral.

Las caravanas partieron. Y el Hotel Splendide fue edificado en el caos de los hielos y de la noche polar.

Desde entonces, la Luna oyó gimotear a los chacales por los desiertos de tomillo, – y gruñir en el huerto a las églogas en zuecos. Luego, en la floresta violeta, preñada de brotes, Eucaris me anunció la primavera.

– Mana, estanque, – Espuma, rueda por el puente y por encima del casco; – paños negros y órganos, – rayos y truenos, – medrad y rodad; – Aguas y tristezas, subid y reavivad los Diluvios.

Pues, desde que se disiparon –¡ah, las piedras preciosas ocultándose, y las flores abiertas!–, todo es hastío. Y la Reina, la Hechicera que aviva las brasas de su puchero, jamás querrá contarnos lo que ella sabe, y nosotros ignoramos.

INFANCIA

I

Este ídolo femenino, de ojos negros y pelaje amarillo, sin parientes ni corte, más noble que la fábula, mejicano y flamenco; su dominio, azur y verdor insolentes, corre por playas que designan las olas sin navíos con nombres ferozmente griegos, celtas, eslavos.

En la linde del bosque – las flores de ensueño tintinean, estallan, esplenden, – la muchacha con labios de naranja, las rodillas cruzadas en el claro diluvio que brota de los prados, desnudez que sombrean, atraviesan y visten los arcoíris, la flora, la mar.

Damas que se arremolinan en las terrazas ribereñas; infantas y gigantas, negras soberbias en el musgo verde-gris, joyas erguidas en el suelo pingüe de los boscajes y de los jardincillos deshelados, – madres jóvenes y hermanas con las miradas llenas de peregrinaciones, sultanas, princesas de andar y de atuendo tiránicos, pequeñas extranjeras y personas dulcemente infelices.

Ah, qué aburrimiento, la hora del «querido cuerpo», del «querido corazón».

II

Es ella, la pequeña muerta, detrás de los rosales. – La joven mamá difunta baja la escalinata. – La calesa del primo chirría en la arena. – El hermano pequeño (¡el que vive en las Indias!) ahí, ante el ocaso, en el prado de claveles. – Los viejos enterrados, tiesos del todo, junto a la muralla de los alhelíes.

El enjambre de hojas doradas circunda la casa del general. Sus habitantes se han ido al sur. – Para llegar al albergue vacío hay que seguir el sendero rojo. El castillo está en venta; las persianas, bajadas. – El cura probablemente se habrá llevado la llave de la iglesia. – Alrededor del parque, las garitas de los guardas, deshabitadas. Los setos son tan altos que solo dejan ver las copas rumorosas de los árboles. De todas maneras, no hay nada que ver ahí dentro.

Los prados refluyen hacia las aldeas sin gallos, sin yunques. La esclusa está abierta. ¡Oh, cruceros y molinos del desierto, islas y piedras volanderas!

Flores mágicas zumbaban. Los taludes lo mecían. Animales de fabulosa elegancia circulaban a su aire. Los nubarrones se condensaban sobre la alta mar hecha de una eternidad de lágrimas vivas.

III

En el bosque hay un pájaro, su canto os detiene y ruboriza.

Hay un reloj que no suena.

Hay una hoyada pantanosa con un nido de bichos blancos.

Hay una catedral descendente y un lago ascendente.

Hay un pequeño carruaje abandonado en el soto, o bien bajando a todo correr por el sendero, adornado con cintas.

Hay una compañía de comiquillos de la legua, vestidos para la actuación, divisados en el camino por entre la linde del bosque.

Hay, en fin, cuando tenéis hambre y sed, alguien que os echa de allí.

IV

Yo soy el santo, orando en la terraza, – como pacen los animales apacibles hasta el mar de Palestina.

Yo soy el sabio en el sillón sombrío. Las ramas y la lluvia se abalanzan sobre la ventana de la biblioteca.

Yo soy el peón del camino real por los bosques enanos; el rumor de las esclusas ahoga mis pasos mientras observo largamente la melancólica lejía dorada del ocaso.

Yo sería de buena gana el niño abandonado en el embarcadero que puso rumbo a alta mar, el pajecillo siguiendo la alameda cuya frente toca el cielo.

Las sendas son ásperas. Los montículos se cubren de retamas. El aire yace inmóvil. ¡Qué lejos ya los pájaros y los manantiales! Esto solo puede ser el adelanto del fin del mundo.

V

Que alguien me alquile al fin este sepulcro encalado, con las líneas del cemento en relieve, – muy hondo bajo tierra.

Me acodo en la mesa. La lámpara ilumina con su vivísimo fulgor estos periódicos que yo, idiota de mí, releo, estos libros sin interés.

A una distancia enorme, por encima de mi salón subterráneo, las casas se implantan, las brumas se congregan. El lodo es rojo o negro. ¡Ciudad monstruosa, noche sin fin!

A una altura menor están las cloacas. A los lados, tan solo el espesor del globo. Quizá los abismos de azur, pozos de fuego. Quizá sea ahí, en esos planos, donde se encuentren lunas y cometas, mares y fábulas.

En las horas de amargura imagino bolas de zafiro, de metal. Soy dueño del silencio. Mas ¿por qué una apariencia de tragaluz palidecería en el rincón de la bóveda?

A UNA RAZÓN

Con un solo golpe de dedo en el tambor descargas todos los sonidos e inicias la nueva armonía.

Con un solo paso provocas el alzamiento de los nuevos hombres y su avance.

Tuerces la cabeza: ¡el nuevo amor! Vuelves la cabeza: ¡el nuevo amor!

«Haz que cambie nuestra suerte, criba las plagas, empezando por el tiempo», te cantan los niños. «Eleva, hasta donde sea, la sustancia de nuestras fortunas y de nuestros anhelos», te suplica la gente.

A ti, que llegas desde siempre e irás a todas partes.

MAÑANA DE EBRIEDAD

¡Ah *mi* Bien! ¡Ah *mi* Beldad! ¡Fanfarria atroz en la que ya no trastabillo! ¡Potro feérico! ¡Hurra por la obra inaudita y por el cuerpo maravilloso! ¡Hurra por la primera vez! Esto empezó bajo el sonido de las risas de los niños y concluirá con él. Este veneno permanecerá en cada una de nuestra venas aun cuando, al tornar la fanfarria, seamos devueltos a la antigua inarmonía. ¡Ah!, ahora nosotros, tan dignos de tales torturas, recojamos fervientemente esta promesa sobrehumana hecha a nuestro cuerpo y a nuestra alma creados: ¡Esta promesa, esta demencia! ¡La elegancia, la ciencia, la violencia! La promesa de que el árbol del bien y del mal será enterrado en la sombra, de que las honestidades tiránicas serán desterradas, a fin de que nosotros aportemos nuestro purísimo amor. Esto empezó con una cierta repulsión, y acaba –ya que no podemos asir en el acto esta eternidad– con una desbandada de perfumes.

Risa de los niños, discernimiento de los esclavos, austeridad de las vírgenes, horror a las figuras y a los objetos de aquí: que el recuerdo de esta vigilia os consagre. Esto empezó con la mayor zafiedad, y acaba con ángeles de llama y de hielo.

Breve vigilia de ebriedad, ¡santa!, aunque solo sea por la máscara con la que nos has gratificado. ¡Nosotros te afirmamos, método! Nosotros no olvidamos que ayer glorificaste todas nuestras edades. Nosotros tenemos fe en el veneno. Nosotros sabemos dar la vida entera cada día.

Ha llegado el tiempo de los *Asesinos*.

VAGABUNDOS

¡Lastimoso hermano! ¡Cuántas atroces veladas le debo! Según él, yo no me implicaba con fervor en aquella tarea. Me había burlado de su debilidad. Por mi culpa volveríamos al exilio, a la esclavitud. Él me atribuía una mala estrella y una inocencia muy extrañas, añadiendo razones inquietantes al respecto.

Yo respondía con risas de desprecio a aquel satánico doctor, y acababa siempre allegándome a la ventana. Creaba, más allá de la campiña cruzada por bandas de música rara, los fantasmas del futuro lujo nocturno.

Tras aquella distracción vagamente higiénica, me tumbaba en un jergón. Y, casi todas las noches, en cuanto me quedaba dormido, mi pobre hermano se levantaba, con la boca podrida, los ojos arrancados, – ¡tal y como él se imaginaba a sí mismo!, – y me arrastraba hasta la sala aullando su sueño de estúpida congoja.

Yo me había comprometido, ciertamente, con plena sinceridad de espíritu, a devolverlo a su estado primitivo de hijo del Sol, – y vagábamos los dos, alimentados con el vino de las cavernas y la galleta del camino, – ansioso yo por descubrir el lugar y la fórmula.

ALBA

Abracé al alba de verano.

Nada bullía aún en la frente de los palacios. El agua estaba muerta. Los ejércitos de sombras no se decidían a abandonar el camino del bosque. Caminé, despertando los hálitos vivos y tibios, y las piedras preciosas miraron, y las alas alzaron el vuelo en silencio.

Mi primera conquista fue, en el sendero ya repleto de frescos y pálidos fulgores, una flor que me dijo su nombre.

Sonreí a la rubia *wasserfall* mientras se desmelenaba a través de los abetos: en la cima plateada reconocí a la diosa.

Entonces fui quitándole, uno a uno, los velos. En la alameda, agitando los brazos. Por la llanura, donde la denuncié al gallo. En la ciudad, donde huía por entre los campanarios y las cúpulas mientras yo la perseguía corriendo como un mendigo por los muelles de mármol.

En lo alto del camino, junto a un bosque de laureles, la envolví con la guilla de sus velos y palpé levemente su inmenso cuerpo. El alba y el niño cayeron al fondo del bosque.

Al despertar ya era mediodía.

SALDO

¡Compren, señores, compren! Lo que jamás vendieron los judíos, lo que nunca degustaron ni la nobleza ni el crimen, lo que ignoran el amor maldito y la probidad infernal de las masas, lo que ni el tiempo ni la ciencia han de reconocer.

Las Voces reconstituidas. El despertar fraterno de todas las energías corales y orquestales, y los múltiples modos de aplicarlas al instante. ¡La ocasión, única, de liberar nuestros sentidos!

¡Compren, señores, compren! Los Cuerpos de valor incalculable, más allá de cualquier raza, cualquier mundo, cualquier sexo, cualquier descendencia. Las riquezas que brotan a cada paso. ¡Saldo de diamantes sin control!

La anarquía para las masas. La satisfacción irreprimible para los aficionados de gusto superior. La muerte atroz para los fieles y los amantes.

¡Compren, señores, compren! Las habitaciones y las migraciones. Comedias de magia, deportes y bienestares perfectos, y el ruido, y el movimiento, y el porvenir que estos propician.

Las aplicaciones de cálculo y los saltos de armonía

inauditos. Los hallazgos y los términos insospechados: ¡entrega inmediata!

El impulso insensato e infinito para alcanzar los esplendores invisibles, las delicias insensibles, – y los secretos enloquecedores para cada vicio, – la alegría arrebatadora para la multitud, que ese impulso propicia.

¡Compren, señores, compren! Los Cuerpos, las Voces, la inmensa opulencia incuestionable, lo que nadie venderá jamás. ¡Anímense! ¡Los vendedores aún tienen existencias! ¡Y los viajantes a comisión no han de rendir cuentas enseguida!

DEVOCIÓN

A mi hermana Louise Vanaen de Voringhem: – su toca azul vuelta hacia el mar del Norte. – Para los náufragos.

A mi hermana Léonie Aubois d'Ashby. Baou, – la hierba de verano zumbadora y apestosa. – Para la fiebre de las madres y de los niños.

A Lulú, – demonio, – a quien le siguen gustando los oratorios de la época de *Las Amigas* y de su educación incompleta. ¡Para los hombres! A la señora ***.

Al adolescente que fui. A ese santo anciano, ermita o misión.

Al espíritu de los pobres. Y a un altísimo clero.

Asimismo, a todo culto en cualquier lugar conmemorativo de culto y sean cuales sean los acontecimientos a los que haya que rendirse, siguiendo o bien las aspiraciones del momento, o bien nuestro propio, serio vicio.

Esta noche, a Circeto de los altos hielos, grasienta como el pescado y colorada como los diez meses de la noche roja – (su corazón ámbar y *spunk*). – Para mi única plegaria, muda como estas regiones de noche y previa a unas bravuras más violentas que este caos polar.

A cualquier precio y con cualquier aire, incluso en los viajes metafísicos. – Pero más *entonces*.

GENIO

Él es la afección y el presente, pues construyó la casa abierta al invierno espumoso y al rumor del verano, – él, que purificó las bebidas y los alimentos, – él, que es el embrujo fugaz de los lugares y el deleite sobrehumano de las estaciones. – Él es la afección y el porvenir, la fuerza y el amor que nosotros, erguidos en medio de las rabias y los tedios, vemos pasar por el cielo tempestuoso y rasgado en jirones de éxtasis.

Él es el amor, medida perfecta y reinventada, razón maravillosa e imprevista; él es la eternidad: amada máquina de las cualidades fatales. Todos nosotros experimentamos ya el terror que entraña su merced y la nuestra: oh, goce de nuestra salud, impulso de nuestras facultades, afección egoísta y pasión por él, – por él, que nos ama y nos amará durante toda su vida infinita...

Nosotros le pedimos que vuelva y él viaja... Y si la Adoración se esfuma, entonces suena, su promesa suena: «¡Arredrad esas supersticiones y esos cuerpos vetustos, esas domesticidades y esas edades! ¡Vuestra época se ha ido a pique!».

Él no se irá, él no bajará de los cielos, él no llevará a cabo la redención de las cóleras de las mujeres, ni la de los júbilos de los hombres, ni la de todos los pecados, pues, por el simple hecho de existir y de ser amado, ya nos redimió.

Ah, sus hálitos, sus cabezas, sus idas y venidas; la terrible celeridad de la perfección de las formas y de la acción.

Ah, fecundidad del espíritu e inmensidad del universo.

¡Su cuerpo! ¡La liberación soñada, la rompiente de la gracia cruzada con la nueva violencia!

¡Su traza, su traza! Todos los viejos castigos penados de rodillas *levantados* al fin ante su visión.

¡Su albor! La Abolición de todos los sufrimientos sonoros y ondulantes en la música más intensa.

¡Su paso! Migraciones más numerosas que las antiguas invasiones.

¡Ah, él y nosotros! Orgullo más benévolo que las caridades perdidas.

¡Ah, mundo! – ¡y el canto claro de las nuevas desdichas!

Él nos conoció a todos y a todos nos amó. Sepamos ahora nosotros, en esta noche de invierno, de cabo a cabo, desde el polo tumultuoso hasta el castillo, desde la multitud hasta la playa, de mirada en mirada, con las fuerzas y los sentimientos extenuados, sepamos invocarlo y despedirlo, y, bajo las mareas y en lo alto de los desiertos de nieve, seguir sus trazas, – sus *hálitos*, – su cuerpo, – su albor.

Primera edición: septiembre de 2018

Printed in Spain – Impreso en España

ISBN: 978-84-397-3484-0
Depósito legal: B-10.901-2018

Compuesto en La Nueva Edimac, S. L.
Impreso en Reinbook Serveis Grafics, S. L. (Polinyà, Barcelona)

R H 3 4 8 4 0

Penguin
Random House
Grupo Editorial